www.ingramcontent.com/pod-product-compliance
Lightning Source LLC
Chambersburg PA
CBHW060853220526
45466CB00003B/1356
* 9 7 8 1 6 9 3 8 5 5 2 6 9 *